Don Bosco

Pädagogik und Kinderspiritualität

Kompetenz für Kindergarten, Schule, Familie und Gemeinde

DON BOSCO

LEBENDIG. KREATIV. PRAXISNAH.

Aktionstabletts für Krippenkinder

Melanie Buttenmüller/Milena Lück
Box, 32 Karten, DIN A5, inkl. methodischer Hinweise

EAN 4260694 **92368** 9
€ (D) 21,00* | € (A) 21,60 | sFr. 25,20

Von 1 bis 3 Jahren

Spannende Ideen für das Sensory Play – abgestimmt auf die Bedürfnisse von Krippenkindern! Jetzt darf hemmungslos geknetet, sortiert und experimentiert werden. Und das Beste: Alles auf einem simplen Tablett oder einer Wanne ohne großes Durcheinander und Dreck im Gruppenraum. Das Bildkartenset bietet 30 fantastische Ideen, die mit wenig Aufwand wichtige Fähigkeiten fördern.

Sinnesförderung und Achtsamkeit für Krippenkinder

Henrike Becher
Box, 32 Karten, DIN A5, inkl. methodischer Hinweise

EAN 4260694 **92367** 2
€ (D) 21,00* | € (A) 21,60 | sFr. 25,20

Von 1 bis 3 Jahren

Vom Löwen-Brüllen über den Musik-Tunnel bis hin zum Indoor-Barfußpfad: Dieses Bildkarten-Set bietet 30 abwechslungsreiche Übungen und Spiele für den Krippenbereich, die das Körperbewusstsein fördern, die Sinneswahrnehmung verbessern und für innere Ruhe sorgen. So lernen schon die Kleinsten, ihre Bedürfnisse zu erken[illegible] und Reizüberflutung im Alltag entspannter zu begegnen.

DON BOSCO

Rosemarie Portmann

Die 50 besten
Spiele für mehr Empathie

DON BOSCO

MiniSpielothek

**Gerne nehmen wir Ihre Anregungen,
Wünsche, Kritik oder Fragen entgegen:**
Don Bosco Medien GmbH, Sieboldstraße 11, D-81669 München
anregungen@donbosco-medien.de
Servicetelefon: +49(0)89 48008-341

Bibliografische Information der Deutschen Nationalbibliothek

Die Deutsche Nationalbibliothek verzeichnet diese Publikation in der Deutschen Nationalbibliografie; detaillierte bibliografische Daten sind im Internet über http://dnb.d-nb.de abrufbar.

4. Auflage 2026 / ISBN 978-3-7698-2497-1

produktinformation@donbosco-medien.de
www.donbosco-medien.de

Umschlag: Don Bosco Medien GmbH, München
Umschlaggrafik: pixabay.com
Layout: Alexandra Paulus
Redaktion: Petra Kummermehr
Satz: Don Bosco Medien GmbH, München
Druck: dieprintzen, Ursensollen

Gedruckt auf umweltfreundlichem Papier

Inhalt

09 Spiele, um die eigenen Gefühle kennenzulernen
10 Gefühle raten
12 Gefühle in Worte fassen
14 Angsthase und mutiger Löwe
16 Frust-Worte
17 Verletzte Gefühle
18 Gefühle sind wie Farben
19 Zeige, was du fühlst, wenn ...
21 Stimmungsmusik
22 Was mich wütend macht
24 Wut ankündigen

25 Spiele, um Gemeinsamkeiten und Unterschiede zu entdecken
26 Fingerabdruck-Visitenkarten
27 Was ist gleich an mir und dir?
29 Gegensätze – Gemeinsames
30 Typisch Junge – typisch Mädchen
31 Bei uns ist das so
32 Platzwechsel
33 Gleich und gleich
34 Gemeinsamer Wunsch
36 Gleich und anders
38 Meine Freundin / mein Freund ist anders als ich

39 Spiele, um Verständnis für andere zu entwickeln
40 Märchenhafter Perspektivenwechsel
42 Nicht dazu gehören
43 Was wird da gespielt?
44 Gut Freund sein
46 Fair oder unfair?
47 Was du nicht willst, das man dir tut ...
49 Wunschzettel
50 Gefühlsspiegel
51 Stimmungsdetektive
53 Zimmer vermieten

55 Spiele, um Mitgefühl zu entwickeln
56 Wie geht's dir heute?
58 Beschützerball
59 Wolf im Schafspelz
60 Das traurige Kind
62 Außenseiter
63 Was sagst du dazu?
65 Trostpflaster
67 Sich in behinderte Kinder einfühlen
69 Kleidertausch
71 Fremdsprachen übersetzen

73 Spiele, um die Hilfsbereitschaft zu fördern
74 Gemeinsam stark
76 Kraftrunde
77 Rettende Insel
78 Herzklopfen und Schwitzehände
80 Igel streicheln
81 Erste Hilfe
82 Kannitverstan
83 Rettung aus dem Brunnen
84 Gefangene befreien
85 Wer hilft?

Anteilnehmende Freundschaft macht das Glück strahlender und erleichtert das Unglück.

Marcus Tullius Cicero

Spiele, um die eigenen Gefühle kennenzulernen

Gefühle raten

Die Kinder sammeln Gefühle wie:

- Ich bin glücklich.
- Ich bin froh.
- Ich habe Angst.
- Ich bin wütend.
- Ich bin ärgerlich.
- Ich bin mutig.
- Ich mag Dich.
- Ich hasse Dich.

Die Gefühle werden einzeln auf Kärtchen geschrieben. Nach und nach zieht jedes Kind ein Kärtchen und spielt der Gruppe das dort notierte Gefühl ohne Worte vor. Wer noch nicht so gut lesen kann, bekommt das Gefühl von der Spielleitung zugeflüstert. Kann das Kind das Gefühl so darstellen, dass die Gruppe es erraten kann?
Anschließend wird darüber gesprochen, wie schwierig es ist, Gefühle zu zeigen und Gefühle anderer zu erkennen. Ist das bei jedem Gefühl gleich schwierig? Welche Gefühle können wir am leichtesten darstellen? Welche erkennen wir am besten?

Material

Karteikarten oder Don Bosco Bildkarten Gefühle

Gefühle in Worte fassen

Nicht immer ist es einfach, Gefühle auszudrücken. Dabei gibt es viel mehr Gefühle, als den meisten Kindern bewusst ist. Die Gruppe sammelt gemeinsam Worte, mit denen Gefühle ausgedrückt werden und stellt daraus ein ABC zusammen.

Beispiele

A ärgerlich, ängstlich, angefressen
B betrübt, beleidigt, betroffen
C cool, cholerisch
D deprimiert, dumm
E erschrocken, erstaunt, einsam
F fröhlich, friedvoll, frech
G glücklich, gelangweilt, gespannt
H heiter, hin und her gerissen
I irritiert, isoliert
J jämmerlich, jubelnd
K kleinlaut, kritisch
L lustig, liebevoll
M muffig, mulmig, minderwertig
N niedergeschlagen, neugierig
O ohnmächtig, optimistisch

P pessimistisch, pudelwohl
Q quietschfidel
R ratlos, ruhig
S schüchtern, selig
T traurig, trotzig
U unsicher, übermütig, unglücklich
V verletzt, verzweifelt, verliebt
W wütend, witzig
Z zornig, zärtlich, zufrieden

Und so wird ein Spiel daraus: Ein Kind sagt lautlos das ABC auf, ein anderes sagt irgendwann „stopp". Wer findet als erstes ein Gefühl, das mit dem Buchstaben anfängt, bei dem das Kind gerade angekommen ist?

Angsthase und mutiger Löwe

Die Kinder bewegen sich frei im Raum. Nach und nach schlüpfen sie auf Anweisung der Spielleitung in verschiedene Tierrollen.

Beispiele

- Hoppelt wie ein ängstlicher Hase.
- Schleicht wie eine listige Katze.
- Stampft wie ein trampeliges Trampeltier.
- Hüpft wie ein munterer Frosch.
- Flattert wie ein fröhlicher Vogel.
- Galoppiert wie ein übermütiges Fohlen.
- Schreitet wie ein mutiger Löwe.
- Stolziert wie ein eitler Hahn.

In der Tierrolle gelingt es vielen Kindern leichter, Gefühle zu artikulieren.
Das Spiel kann damit ausklingen, dass jedes Kind für sich ein Tier auswählt; je unterschiedlicher die Tiere, desto besser. Auf ein Signal der Spielleitung verwan-

deln sich dann alle in ihr Tier und machen gleichzeitig tierisch Stimmung.

Frust-Worte

Die Spielleitung gibt die Anweisung: „Schreibt alleine für euch fünf Worte auf, die euch einfallen, wenn ihr daran denkt, wie das ist, wenn ihr Frust schiebt." Die beschrifteten Zettel werden – ohne die Namen der Kinder – an eine Wandzeitung geheftet und anschließend diskutiert.

Beispiele

Wut – Hilflosigkeit – Ungerechtigkeit – Schule – Alltag – ungerecht – allein – Wut – Ohnmacht – Rache

Aus den Worten der Einzelnen kann eine gemeinsame Liste gemacht werden. Gibt es Worte, die von mehreren Kindern genannt werden? Welche? Was sagen sie uns?

Material

Papier, Stift

Verletzte Gefühle

Die Kinder sitzen im Kreis. Die Spielleitung erzählt eine kurze Szene von Sieg und Niederlage, z. B.: „Paul und Ali haben in der Pause Fußball gespielt. Paul hat mehr Tore geschossen und brüstet sich lautstark damit: Alle bewundern ihn. Ali steht daneben."

Die Kinder sollen reihum einen Verhaltensvorschlag für Ali machen: Was kann Ali jetzt sagen oder tun?

Beispiele

- So tun, als würde ihn das nicht stören.
- Einfach weggehen.
- Ein Revanche-Spiel fordern.
- Sich mitfreuen.

Haben die Kinder selbst schon ähnliche Situationen erlebt? Wie haben sie sich da verhalten?
Machen die Kinder nur Lösungsvorschläge, die durch Vermeiden gekennzeichnet sind, sollte die Spielleitung selbst weitere Möglichkeiten nennen, die neue konstruktive Verhaltensweisen darstellen.

Gefühle sind wie Farben

Die Kinder sammeln viele unterschiedliche Gefühle und überlegen, welche Farbe zu den einzelnen Gefühlen passt. Jedes Kind schreibt dann für sich Wörter für Gefühle auf und verwendet dabei für jedes Gefühl einen seiner Meinung nach passenden Farbstift. Zum Beispiel wird für „traurig“ ein grauer Farbstift verwendet, für „wütend“ ein knallroter, für „fröhlich“ vielleicht ein gelber, zartgrüner oder rosafarbener Stift usw.
Abschließend werden alle Farbzuordnungen verglichen. Bei welchen Gefühlen sind sich alle Kinder bei der Farbgebung einig? Bei welchen gibt es unterschiedliche Farben? Woran mag das liegen?

Material

Papier, viele unterschiedliche Farbstifte

Zeige, was du fühlst, wenn ...

Um fair miteinander umzugehen, ist es wichtig, die eigenen Gefühle angemessen ausdrücken und die der anderen wahrnehmen und deuten zu können.
Die Kinder bewegen sich frei im Raum. Auf Zuruf der Spielleitung sollen sie pantomimisch, d.h. wortlos, nur durch Körperbewegungen und Mimik zeigen, was sie fühlen.

Beispiele

„Zeige, was du fühlst, wenn ...

- ... du angerufen wirst und jemand lädt dich zum Geburtstag ein.
- ... du siehst, wie ein großer Hund auf dich zuspringt.
- ... du einen lustigen Film siehst.
- ... du einen Freund triffst, der über dich eine Lügengeschichte verbreitet hat.
- ... du bei einem Wettbewerb verloren hast.
- ... du ausgelacht wirst.“

Solche Übungen verlangen ein hohes Maß emotionaler Beteiligung. In der Gruppe muss deshalb so viel Vertrauen herrschen, dass niemand Angst haben muss, sich lächerlich zu machen. Abschließend wird über die Erfahrungen der Kinder beim Spiel gesprochen.

Stimmungsmusik

Mit Musik lassen sich Gefühle ausdrücken. Gefühle können aber auch durch Musik hervorgerufen werden. Musik kann fröhlich oder traurig, aufgeregt oder besinnlich machen und vieles mehr. Mit den Kindern wird über den Zusammenhang zwischen Gefühlen und Musik gesprochen. Anschließend bekommt jeweils nacheinander eine Kleingruppe von 6 bis 8 Kindern einen akustischen Gestaltungsauftrag für eine Geräuschimprovisation, die sie nacheinander vorstellen.

Beispiele

- ein Freudentanz
- Fangesänge
- ein Trauermarsch
- ein Triumphmarsch
- ein Klagelied
- Wutgeheul

Der Rest der Gruppe rät, was dargestellt wurde.

Was mich wütend macht

Die Kinder erzählen, welche Ereignisse sie wütend machen.

Beispiele

„Mich macht es wütend, wenn ...

- ... meine Mutter mich immer beim Spielen stört.
- ... ich nicht mitspielen darf.
- ... ein anderer doof guckt.
- ... ich etwas haben will und bekomme es nicht.
- ... ich nicht beachtet werde.
- ... ich ständig aufräumen soll.“ u. Ä.

Dabei werden sich Gemeinsamkeiten und Unterschiede ergeben. Die Kinder können die Erfahrung machen, dass Wut aus ganz verschiedenen Anlässen entstehen kann und manches, was sie selbst auf die Palme bringt, andere ganz kalt lässt und umgekehrt.
Im Gespräch können die Kinder auch Ideen kennen lernen, wie andere mit ihrer Wut umgehen. Diese können dann gleich ausprobiert werden. Die Kinder wer-

den aufgefordert, sich so zu verhalten und zu bewegen, als seien sie sehr wütend.
„Denkt mal nach, wie das war, als ihr das letzte Mal wütend wart. Wie fühlt sich die Wut in eurem Bauch an? Wie sieht euer Gesicht aus, wenn ihr wütend seid? Was habt ihr getan, um eure Wut loszuwerden? Was könntet ihr besser machen?"
Die Kinder probieren dann die Methoden anderer Kinder aus, mit der Wut fertig zu werden.

- „Welche Lösungen haben besonders gut gewirkt?"
- „Welche nicht?"
- „Woran könnte das liegen?"

Wut ankündigen

Wenn Kinder spüren, wie bei einem frustrierenden Erlebnis die Wut in ihnen hochsteigt, können sie lernen zwischen Wut und Reaktion einen Zwischenschritt einzulegen. Sie teilen ihre aufsteigende Wut mit. Das können sie mit Worten tun, z. B.: „Gleich werde ich wütend." Sie können auch eine symbolische Handlung ausführen, z. B.:

- „Mir reißt gleich der Geduldsfaden": Im Raum hängt ein langer Faden, den die Kinder bei Bedarf abreißen können.
- „Gleich werde ich laut": Die Kinder können fest auf eine Hupe drücken.

Das aufsteigende Frust-Gefühl wird von allen Kindern bewusst wahrgenommen. Für das wütend werdende Kind ist das Aussprechen der erste Schritt zum Abbau der Wut bzw. die zwischengelegte Handlung hilft, die Wut abzubauen. Die Kinder, die die Wut ausgelöst haben, können die Zeit nutzen um wahrzunehmen, was sie ausgelöst haben und können einlenken.

Spiele, um Gemeinsamkeiten und Unterschiede zu entdecken

Fingerabdruck-Visitenkarten

Alle Kinder haben etwas Gemeinsames, das doch nie gleich ist: ihre Fingerabdrücke.

Jeder Fingerabdruck ist einzigartig – und damit ideal für einen kreativen Einstieg in das Thema: „Jeder Mensch ist gleich und dennoch einzigartig.“ Die Kinder drucken den Abdruck ihres rechten Daumens mithilfe eines Stempelkissens auf einen Karton in der Größe etwa einer Visitenkarte. Dazu schreiben sie ihren Namen und malen oder schreiben etwas auf, was sie an sich selbst besonders bemerkenswert oder toll finden.

Die Fingerabdrücke der Kinder lassen sich mit einem Kopiergerät vergrößern, dadurch können die Kinder sie gut miteinander vergleichen und selbst sehen: Jedes Kind ist einzigartig.

Material

Stempelkissen, Pappkärtchen

Was ist gleich an mir und dir?

Alle Kinder sitzen im Kreis. Nacheinander steht ein Kind auf und geht im Kreis herum. Es bleibt vor jedem Kind stehen, schaut es genau an und sagt, was sie beide gemeinsam haben.

Beispiele

- Du hast blaue Augen wie ich.
- Wir haben beide braune Schuhe an.
- Du trägst auch Ohrringe. Usw.

Variation

Die Kinder bilden entsprechend der Merkmale, die sie gemeinsam haben, eine Kette. Die Kinder, die nebeneinander stehen, müssen immer ein gemeinsames Merkmal haben.

Beispiel

Das 1. Kind trägt ein gelbes T-Shirt und eine schwarze Hose. Das 2. Kind trägt auch ein gelbes T-Shirt, aber eine blaue Hose. Das 3. Kind hat eine blaue Hose an und trägt eine Brille. Usw.

Das Spiel bezieht sich zunächst nur auf äußerliche Merkmale. Wenn die Kinder sich gut kennen, können auch andere Merkmale zum Bindeglied werden.

Beispiele

- Du hast eine Schwester genau wie ich.
- Du wohnst in derselben Straße.
- Du spielst genauso gerne Fußball wie ich. Usw.

Bei geschickter Auswahl der Merkmale kann sich die Kette zum Kreis schließen: Das letzte Kind hat dann dasselbe Merkmal wie das erste.

Gegensätze – Gemeinsames

Die Kinder bilden Paare, die etwas Gegenteiliges haben.

Beispiele

Junge – Mädchen
Groß – klein
Mit Brille – ohne Brille

Danach bilden sich Paare, die etwas Gemeinsames haben.

Beispiele

Junge – Junge
Gleich groß
Beide ohne Brille

Treffen die Kinder bei beiden Runden auch manchmal auf dieselben Kinder?

Typisch Junge – typisch Mädchen

Die Kinder sitzen im Kreis um viele verschiedene Gegenstände herum, z. B. Puppen, Kuscheltiere, Autos, Bauklötze, Krone, Ball, Schminke, Hose, Rock.
Jedes Kind nimmt nacheinander einen Gegenstand und sagt: „Typisch Junge“ oder „Typisch Mädchen“. Die getroffene Entscheidung muss von dem Kind begründet werden. Das Spiel gibt den Anstoß zum Abbau von Klischees und zum Umdenken.

Material

verschiedene Gegenstände

Bei uns ist das so

Alle Kinder sitzen im Stuhlkreis. Ein Kind hält das Wollknäuel in der Hand und erzählt aus welchem Land es kommt und berichtet kurz darüber. Nachfragen der anderen Kinder sind erlaubt. Dann wirft es das Knäuel einem anderen Kind zu und dieses Kind erzählt „Bei uns ist das so ..." Das Spiel eignet sich besonders für Gruppen mit Kindern aus vielen Herkunftsländern, aber auch die deutschen Kinder haben etwas zu erzählen, denn in jeder Familie gibt es etwas Besonderes.
Das Wollknäuel hat eine doppelte Bedeutung: Es gibt jedem Kind das Wort und die anderen Kinder hören respektvoll zu. Das Netz aus Wollfäden, das sich im Laufe des Spiels bildet, veranschaulicht, dass alle Kinder, auch wenn sie aus noch so unterschiedlichen Familien, Kulturen oder Ländern kommen, irgendwie miteinander verbunden sind.

Material

Wollknäuel

Platzwechsel

Alle Kinder sitzen oder stehen im Kreis. Die Spielleitung steht in der Mitte und stellt Aufgaben zum Platzwechsel.
Die Kinder wechseln zum Beispiel die Plätze,

- die gerne Schokolade essen.
- deren Vorname mit M beginnt.
- die im Ausland geboren sind.

Die Fragestellungen müssen zur Gruppe passen. Sie sollten sich auf Merkmale beziehen, die nicht so ohne weiteres sichtbar sind. Die Kinder sollten im Spiel erfahren, dass alle Kinder in ihrer Gruppe, behinderte und nichtbehinderte, ausländische und deutsche Kinder, in erster Linie Kinder sind. Darin sind alle trotz Unterschieden gleich.
Das Spiel kann gut als Kennenlernspiel genutzt werden.

Gleich und gleich

Die Kinder bewegen sich frei im Raum. Auf Ansage durch die Spielleitung suchen sie sich nacheinander mindestens ein anderes Kind, das:

- die gleiche Haarfarbe hat.
- die gleiche Augenfarbe hat.
- die gleiche Sportart betreibt.
- im gleichen Monat Geburtstag hat.
- einen Vornamen hat, der mit dem gleichen Buchstaben beginnt wie der eigene o. Ä.

Die Anweisungen müssen dem Alter und der Zusammensetzung der Gruppe entsprechen, so dass die entsprechenden Personen auch wirklich gefunden werden können.
Das Spiel kann durch Musik begleitet werden. So lange die Musik spielt, gehen die Gruppenmitglieder, die sich gefunden haben, zusammen und sprechen miteinander. Immer wenn die Musik stoppt, wird eine neue Anweisung gegeben und es finden sich neue Paare, die dann eine Weile zusammen umhergehen.
Die Übung eignet sich gut zum ersten Kennenlernen und Annähern in einer neuen Gruppe.

Gemeinsamer Wunsch

Zwei Kinder verlassen den Raum. Sie sollen herausfinden, was die Kinder, die im Raum zurückgeblieben sind, sich gemeinsam wünschen. Die überlegen sich nun etwas, was sie alle gerne hätten. Zum Beispiel wünschen sie sich ein Eis, einen Ball, etwas Grünes o. Ä.

Haben sie sich entschieden, werden die beiden Kinder von draußen wieder hereingerufen. Nacheinander erklärt ihnen dann jedes Kind, was die Gruppe sich wünscht. Dabei darf das Gewünschte niemals direkt ausgesprochen werden. Jedes Kind darf immer nur ein Detail erwähnen. Die Ratenden müssen das Gemeinsame aller Details herausfinden.

Beispiel

Die Gruppe im Raum wünscht sich ein Eis.
Das 1. Kind sagt: Wir wünschen uns etwas Kaltes.
Das 2. Kind sagt: Wir wünschen uns etwas, das süß schmeckt.
Das 3. Kind sagt: Wir wünschen uns etwas, das wir in der Hand halten können.
Usw.

Haben alle Kinder nacheinander ihre Wünsche geäußert, beginnt das Raten. Finden die beiden ratenden Kinder das Gemeinsame der vielen verschiedenen Wünsche heraus?

Gleich und anders

Die Kinder wandern in ihrer Gruppe umher. Jedes Kind sucht sich dabei ein anderes, mit dem es etwas gemeinsam hat. Dann suchen beide drei Dinge, die sie unterscheiden. Das können äußere Merkmale sein, aber auch Verhaltensweisen, Vorlieben, besondere Fähigkeiten o. Ä.

Beispiel

Wir haben beide blaue Augen. So sind wir gleich.
Aber so unterscheiden wir uns: Einer ist einen Kopf größer als der andere, einer spielt Tennis, der andere Handball, einer mag Spinat, dem anderen wird davon schlecht.

Die Gemeinsamkeiten und Unterschiede werden in der Gruppe vorgestellt.
Dabei wird die Gruppe entdecken, dass jedes Kind mit vielen Kindern mehr gemeinsam hat als gedacht. So können ein türkisches und ein deutsches Kind mehr gemeinsam haben als zwei türkische oder zwei deutsche Kinder; z. B. haben beide zwei Schwestern, lieben Fußball, tragen eine Brille und kochen gern. Und

trotz aller Gemeinsamkeiten gibt es zwischen allen Kindern immer auch Unterschiede. Alle sind gleich und doch anders.

Meine Freundin / mein Freund ist anders als ich

Es ist wichtig, dass die Kinder auch Unterschiede schätzen lernen.
Alle sitzen im Kreis. Ein Kind beginnt:
„Ich habe eine Freundin / einen Freund, die / der anders ist als ich, und zwar ..."
Vielleicht hat das andere Kind eine andere Nationalität, hat eine Behinderung oder Krankheit, sieht lieber fern während das eine lieber liest u. Ä. Das Kind soll keinen Namen, sondern nur den Unterschied nennen und dann erzählen, warum die Freundin oder der Freund für es wertvoll ist.
Die Spielleitung kann als Erste von ihrer Freundin oder ihrem Freund berichten, damit die Kinder verstehen, worum es geht.

Spiele, um Verständnis für andere zu entwickeln

Märchenhafter Perspektivenwechsel

Um Konflikte lösen zu können, ist es besonders wichtig, die Situation auch aus der Perspektive der jeweils anderen zu sehen. Dieser „Perspektivenwechsel" kann gut mit Hilfe von Märchen geübt werden.
Die Gruppenleiterin liest ein Märchen vor. Dann erzählt sie einzelne Szenen aus der Sicht unterschiedlicher Märchenfiguren. Die Kinder spielen diese Szenen nach.

Beispiele

- **Aschenputtel**
  Einmal aus Sicht von Aschenputtel und einmal aus Sicht einer der Stiefschwestern
- **Rotkäppchen und der Wolf**
  Einmal aus der Sicht von Rotkäppchen und einmal aus der Sicht des Wolfes

Ältere Kinder können den Perspektivwechsel einzelner Märchenszenen auch selbst vornehmen und nachspielen.
Im Abschlussgespräch werden Fragen geklärt wie:

- Verändert der Perspektivwechsel die Einschätzung des Konflikts?
- Verändern sich die Gefühle für die Beteiligten?
- Macht der Perspektivwechsel neue Lösungen denkbar?

Nicht dazu gehören

Die Kinder sollen die Erfahrung machen, wie es ist, ausgeschlossen zu werden.
Bei einem Spiel, das alle gerne spielen, dürfen z. B. nur die Kinder mitmachen,

- die keine Brille tragen;
- die eine bestimmte Größe nicht überschreiten;
- die grüne Augen haben usw.

Es werden immer Merkmale ausgesucht, die nur wenige Kinder betreffen und für die die Kinder nicht verantwortlich sind, also nicht: „wer zu laut redet“ oder „gerade ein anderes Kind geärgert hat“.
Die Zeit des „Ausgeschlossenseins“ sollte nicht allzu lange dauern. Im Anschluss muss den ausgeschlossenen Kindern Gelegenheit gegeben werden zu erzählen, wie sie sich gefühlt haben. Den Abschluss dieser Übung muss immer ein gemeinsames Spiel bilden, das allen Spaß macht und bei dem alle mitmachen können. Bei der Auswahl dieses Spiels sollen besonders die Kinder gefragt werden, die vorher „ausgeschlossen“ waren.

Was wird da gespielt?

Einige Kinder spielen eine Situation vor, die etwas mit mangelndem Respekt, Regelverletzung o. Ä. zu tun hat – und zwar ohne Worte. Z. B.:

- jemanden verspotten
- jemanden nachäffen
- sich wegdrehen, wenn jemand einem etwas sagen will

Sagt die Spielleitung „Stopp", bewegen sich die Kinder nicht mehr. Was haben sie vorgespielt? Wie könnte die Situation anständig oder höflich enden?

Variation

Die Kinder bauen zu zweit oder zu dritt „respektvolle" und „nicht-respektvolle" Standbilder, z. B.:

- eine Freundschaft, die gerade beginnt
- eine herzliche Freundschaft
- ein vorsichtiges Kennenlernen
- ein abwertendes Verhalten

Gut Freund sein

Freunde und Freundinnen sind wichtig. Aber manchmal will es einfach nicht klappen, Freundschaften zu schließen oder Freundschaften zu erhalten.
Die Kinder diskutieren, was man tun kann, um eine gute Freundin oder ein guter Freund zu sein bzw. zu werden.

Beispiele

- freundlich sein
- öfter mal etwas Nettes sagen
- bei einer schwierigen Aufgabe oder Arbeit ungefragt Hilfe anbieten
- sich Zeit nehmen
- gut zuhören, wenn die oder der andere Kummer hat
- mal einen eigenen Wunsch zurückstellen, um gemeinsam etwas zu unternehmen
- sich entschuldigen, wenn man Unrecht hatte usw.

Die wichtigsten Äußerungen werden von der Gruppenleiterin aufgeschrieben. Immer wenn in der Gruppe Schwierigkeiten zwischen den Kindern auftreten, kann die Gruppenleiterin dann daran erinnern bzw. die passende Verhaltensweise vorlesen.

Variation

Die Übung kann mit der Auflistung der freundschaftlichen Verhaltensweisen beendet sein. Sind die Kinder schon ein bisschen älter, kann, wer mag, aber auch die anderen bitten, ihm zu sagen, was er/sie speziell verändern könnte, um ein besserer Freund oder eine bessere Freundin zu sein.

Fair oder unfair?

Im Raum werden drei Bereiche abgeteilt. Ein Bereich wird mit einer grünen Karte gekennzeichnet, der zweite mit einer roten und der dritte mit einer gelben Karte. Die Spielleitung nennt nun nacheinander verschiedene Verhaltensweisen und fragt: „Fair oder unfair?“ Entscheiden die Kinder sich für fair, laufen sie in den grünen Bereich, entscheiden sie sich für unfair, laufen sie in den roten Bereich, können sie sich nicht entscheiden, laufen sie in den gelben Bereich.

Beispiele

Sich vordrängeln – beim Wettlauf gewinnen – bei einem Spiel mogeln – Handspiel beim Fußball – abschreiben – nicht abschreiben lassen – einen Schwächeren auslachen – etwas besser können als andere

Die Beispiele sollten nicht nur aus dem Sport, sondern aus dem gesamten Alltag der Kinder kommen. Die Spielleiterin notiert, wie viele Kinder sich jeweils für welchen Bereich entscheiden. Abschließend wird besonders über die Verhaltensweisen diskutiert, die unterschiedlich beurteilt wurden.

Was du nicht willst, das man dir tut ...

Die Kinder überlegen gemeinsam, was ihnen nicht getan werden sollte. Sie können dazu auch Bilder malen oder ausschneiden und aufkleben. Die Lösungen werden aufgeschrieben, z. B.:

- nicht auslachen
- nicht mobben
- nicht prügeln
- nicht verpetzen

Anschließend sollten dazu positive Verhaltensweisen formuliert werden wie:

- freundlich sein
- einander beschützen
- mit Worten streiten
- einander helfen

Aus den Verhaltensweisen kann ein „Wochenmotto" ausgesucht werden. Es wird am Anfang einer Woche im Raum deutlich sichtbar aufgehängt und sollte in dieser Woche in besonderem Maße bewusst eingehalten werden. Zum Wochenschluss wird überlegt, ob und wie gut das gelungen ist.

Material

Plakatkarton, dicke Stifte, Mal-Utensilien

Wunschzettel

Auf Zetteln beantworten alle Gruppenmitglieder anonym eine oder mehrere Fragen wie z. B.

- Welche Musik hörst du am liebsten?
- Welche prominenten Menschen würdest du am liebsten kennenlernen?
- Welche Eigenschaften muss ein Mensch haben, mit dem du befreundet sein möchtest?

Die Zettel werden gemischt, und die Gruppe versucht gemeinsam herauszufinden, wer welchen Zettel geschrieben hat. Damit die Aufgabe nicht zu schwierig wird, sollten große Gruppen vor Spielbeginn in Kleingruppen von nicht mehr als 8 Personen aufgelöst werden.

Beim Zuordnen der Wunschzettel müssen die Gruppenmitglieder miteinander ins Gespräch kommen und lernen einander dadurch besser kennen.

Gefühlsspiegel

Die Gruppe sitzt im Kreis. Zwei Kinder kommen in die Mitte. Eins der Kinder drückt durch Gesten und Mimik ein bestimmtes Gefühl aus. Das zweite Kind stellt sich ihm gegenüber und spiegelt Mimik und Gestik des ersten ganz genau.
Die Gruppe versucht herauszufinden, um welches Gefühl es sich handelt. Anschließend stellt ein anderes Kinderpaar ein neues Gefühl dar.

Wie schwierig ist es, ein Gefühl zu erkennen? Bei welchen Gefühlen fällt das leicht, bei welchen besonders schwer?

Stimmungsdetektive

Die Spielleitung demonstriert ein bestimmtes Gefühl. Die Kinder sollen erkennen, um welches Gefühl es sich gehandelt hat.

Beispiele

Die Spielleitung

- zerknüllt aus Wut ein Stück Papier und wirft es in die Ecke.
- liest einen Brief und lacht und freut sich.

Die Kinder kreuzen auf einem vorbereiteten Zettel, auf dem verschiedene Gefühle aufgeschrieben oder als Gefühlsgesichter aufgezeichnet sind, an, welches Gefühl sie erkannt haben.
Im Gespräch wird anschließend geklärt, woran sie das erkannt haben, am Gesichtsausdruck, an der Körpersprache, an Worten oder an der Gesamtsituation, die sie eventuell schon selbst so erlebt haben.
Die Kinder überlegen sich weitere Beispiele und führen sie vor.

Welche Gefühle werden leicht entdeckt? Warum ist das so?
Welche Vor- und Nachteile hat es, wenn die eigenen Gefühle unentdeckt bleiben?

Variation

Ein Kind stellt dar, wie es sich gerade im Moment fühlt. Die anderen versuchen zu erfühlen, wie das Kind „drauf" ist.
Im Auswertungsgespräch wird gefragt: Ist es mir gelungen mein Gefühl darzustellen? Fühle ich mich von den anderen verstanden? Welche Gefühle teile ich normalerweise anderen mit, welche eigentlich nicht?

Material

Zettel mit Gefühlswörtern oder -gesichtern, Stifte

Zimmer vermieten

Ein Kind sitzt auf einem Stuhl. Es ist der Wirt oder die Wirtin. Links neben ihm stehen in einer Reihe fünf leere Stühle. Das sind die Zimmer, die zu vermieten sind. Nacheinander bitten einzelne Kinder als Gäste um ein Zimmer. Jedes Kind schlüpft dabei in eine Rolle. Es muss ein bestimmtes Gefühl mitbringen und ohne Worte, nur durch Mimik und Gestik deutlich machen. Die Rolle wird ihm von der Spielleitung zugeflüstert, es kann sie sich aber auch selbst aussuchen.

Beispiele

Ein Kind will ein Zimmer mieten als

- fröhliches Kind.
- wütender Fußballfan.
- traurige Oma.
- verliebter Teenager.
- ärgerlicher Mann.

Bei jedem neuen Gast müssen Wirtin oder Wirt ergründen, welches Gefühl er mitbringt, ehe sie ihm

das Zimmer vermieten, das Kind sich also auf einen freien Stuhl setzen darf.
Die Wirtsleute dürfen dreimal raten. Raten sie richtig, darf das Kind einziehen. Gelingt das nicht, wird das Kind abgewiesen und ein anderes darf anklopfen. Sind alle Zimmer besetzt, schließen die Wirtsleute ihr Hotel und alle Gäste reisen ab. Die zweite Runde beginnt mit neuen Wirtsleuten und neuen Gästen.

Spiele, um Mitgefühl zu entwickeln

Wie geht's dir heute?

Die Kinder sitzen im Kreis. Ein Stofftier, z. B. das Klassenmaskottchen wird von Hand zu Hand weitergegeben. Jedes Kind sagt der Gruppe: „So geht's mir heute. So fühle ich mich heute." Wer mag, kann seine Äußerung auch kurz begründen. Auch die Spielleitung teilt der Gruppe mit, wie es ihr geht.
Für die Runde werden Regeln festgelegt:

- Wer sich nicht äußern möchte, gibt das Tier – und damit das Wort – einfach weiter.
- Niemand darf ausgelacht werden, aber es darf gemeinsam gelacht werden. Denn manchmal hilft das schon, um sich besser zu fühlen.

Dieses Spiel eignet sich gut zum Beginn einer Gruppen- oder Unterrichtsstunde. Dann weiß jeder, wie sich die anderen fühlen und kann darauf eingehen. Kinder, die sich nicht so gut fühlen, können in Ruhe gelassen oder besonders achtsam einbezogen werden, damit sie sich wieder besser fühlen. Und auch das Verhalten der Spielleitung wird für die Kinder besser verständlich.

Material

Stofftier

Beschützerball

Die Kinder bilden einen Kreis. Drei Kinder stellen sich in die Mitte. Eins von ihnen wird mit einem roten Band um den Arm als „Schützling" gekennzeichnet. Aufgabe der Kinder im Außenkreis ist es, das Kind mit dem Band abzuwerfen. Die beiden anderen Kinder müssen es davor schützen. Sie dürfen den Ball mit dem Körper aufhalten oder fangen und zurückwerfen. Das Kind, das beschützt werden soll, darf gar nichts tun, außer sich hinter seinen Beschützern zu ducken. Wird es doch getroffen, werden die Rollen gewechselt.

Wie fühlt man sich, wenn man nichts tun darf bzw. nicht in der Lage ist, selbst etwas zu tun? Wie fühlt es sich an, auf jemand Wehrlosen zu werfen?

Material

weicher Ball, rotes Band oder Armbinde

Wolf im Schafspelz

Alle Kinder sitzen im Kreis. Sie sind die Schafe. Die Spielleiterin tippt unauffällig einem Kind auf die Schulter, dieses weiß nun: es ist der Wolf im Schafspelz. Dann erzählt die Spielleiterin eine Geschichte von Schafen. Wenn sie ruft: „Alle Schafe auf die Weide!“, gehen die Schafe auf allen Vieren im Kreis umher und blöken wie Schafe. Plötzlich gibt sich der Wolf im Schafspelz zu erkennen. Er ruft: „Ich bin der Wolf!“, und beginnt die Schafe zu jagen. Diese flüchten auf die Stühle. Dort sind sie sicher vor dem Wolf. Schafe, die der Wolf erwischt, fallen „tot“ um.
Abschließend wird darüber gesprochen: Wie fühlte sich der Wolf? Wie fühlten sich die Schafe?
Haben die Kinder schon echte Situationen erlebt, wo jemand ihr Vertrauen missbraucht hat und plötzlich unfair wurde? Wie ging es ihnen dabei? Wie haben sie sich dabei verhalten?

Das traurige Kind

Die Spielleitung fragt die Kinder: Stellt euch vor, ihr seid traurig. Andere wollen jetzt besonders nett zu euch sein. Was würde euch helfen?
Gemeinsam mit den Kindern werden Vorschläge gesammelt und einzeln auf Kärtchen geschrieben oder gemalt.

Beispiele

- in den Arm nehmen
- zusammen ein Spiel spielen
- einen Witz erzählt bekommen

Die Trost-Kärtchen werden in einem „Notfallkoffer“, einer Schachtel o.Ä. gesammelt.
Anschließend bilden die Kinder einen Sitzkreis. Eins der Kinder übernimmt die Rolle des „traurigen“ Kindes. Es sitzt in der Mitte und erzählt eine kurze Geschichte: „Ich bin traurig, weil…“, dann deutet es auf ein anderes Kind, das es trösten soll. Dieses zieht ein Kärtchen aus dem Notfallkoffer und liest es dem traurigen Kind vor. Entscheidet das traurige Kind, dass ihm hilft, was da drauf steht, werden die Rollen ge-

wechselt. Hilft der Trost nicht, wird ein neues Kind als Tröster gesucht. Kinder, die mögen, müssen keine Trostkärtchen ziehen, sie können auch passend zum „traurigen Kind“ und seiner Geschichte eigene tröstende Vorschläge machen.

Außenseiter

Ein oder zwei Kinder bekommen einen Schal umgehängt und werden damit als „Außenseiter“ gekennzeichnet. Dann bewegen sich alle frei im Raum. Sie begrüßen sich gegenseitig, geben sich die Hand, klopfen sich auf die Schulter, sprechen miteinander – nur die „Außenseiter“ werden gemieden. Niemand beachtet sie, niemand reagiert auf ihre Kontaktversuche.
Nach einer Weile werden die Rollen gewechselt, bis alle mal „Außenseiter“ waren. Den Anfang als „Außenseiter“ sollten Kinder machen, die fest in die Gruppe integriert sind, denn die Übung kann belastend sein.
Bei diesem Spiel ist das Auswertungsgespräch zum Schluss besonders wichtig:

- Wie war es, „Außenseiter“ zu sein und trotz aller Bemühungen von allen nicht zur Kenntnis genommen zu werden?
- Wie war es, auf die „Außenseiter“ nicht eingehen zu dürfen?
- Welche Erfahrungen haben die Kinder bisher mit dem Thema „Außenseiter“?
- Wie will die Gruppe sich fortan verhalten, damit niemand zum „Außenseiter“ wird?

Was sagst du dazu?

Die Kinder sitzen im Kreis. Die Spielleitung formuliert ein Ausgangsproblem und endet mit dem Satzanfang: „Da sagt ...“ Dabei wirft sie den Ball einem Kind zu. Das Kind muss eine mögliche Satzergänzung formulieren. Dann wirft es den Ball einem anderen Kind zu, das einen weiteren Satz zu der Situation hinzufügen muss. Das Spiel ist beendet, wenn keinem Kind mehr eine weitere Ergänzung einfällt oder der Dialog sich nicht weiter entwickelt.

Beispiele

- Die Freundin ist sauer, weil Emma sich mit einem anderen Mädchen zum Spielen verabredet hat und meckert: „Du treulose Tomate.“ Da sagt Emma: ...
- Der Bus war verspätet. Aber die Lehrerin schimpft mit Paul: „Immer kommst du zu spät“. Da sagt Paul: ...

Als Ausgangsprobleme sollten häufig in der Gruppe vorkommende Probleme dienen. Anschließend kann diskutiert werden: Waren die Satzergänzungen der Situation angemessen? Haben sie eine Lösung gebracht? Wie geht es den Kindern „in echt“ bei solchen Situationen?

Material

kleiner Ball

Trostpflaster

Die Kinder sitzen im Kreis. Ein Kind schildert eine - fiktive - Notsituation, es hat z. B. bei irgendetwas Pech gehabt, eine Niederlage einstecken müssen, ist unfair behandelt worden, ist verletzt worden o.Ä. Aus dem Kreis sucht es sich drei Kinder aus und bittet sie um Hilfe, einen guten Rat oder Trost. Die drei Kinder müssen unterschiedliche Vorschläge machen. Daraus sucht sich das „Kind in Not" den hilfreichsten Vorschlag aus. Das Kind, das ihn gefunden hat, wird nun in der nächsten Runde zum „Kind in Not".

Beispiel

Das „Kind in Not" ruft:
„Ich bin beim Wettlauf wieder nur Zweite geworden. Was soll ich nur machen?"
Die drei Kinder, die es um Rat bittet, schlagen vor:
A: „Das macht doch nichts."
B: „Du bist aber schneller gewesen als beim letzten Mal."
C: „Du kannst eben nicht schnell genug laufen."
Das „Kind in Not" entscheidet sich für Ratschlag B. Das Kind B wird nun zum neuen „Kind in Not".

Anschließend wird in der Gruppe darüber gesprochen, welche Ratschläge mehr und welche weniger hilfreich sind. Die hilfreichen Lösungen können einzeln auf Kärtchen geschrieben werden. Sie werden in einem „Erste-Hilfe-Kasten" gesammelt und können bei „echten" Notfällen als „Trostpflaster" dienen. Im „Erste-Hilfe-Kasten" können auf Trostpflastern auch weitere Notfallhilfen aufgehoben werden, z. B. aktuelle Sammelbildchen oder konkrete Hilfsangebote wie „Ein gemeinsames Spiel auswählen" o. Ä.

Sich in behinderte Kinder einfühlen

Die Kinder versuchen sich in behinderte Kinder hineinzuversetzen, indem sie selbst eine Behinderung simulieren.

Vertrauensspaziergang

Einem Kind werden die Augen verbunden. Geführt von einem „sehenden" Kind oder auf Zuruf muss es einen Hindernis-Parcours durchwandern.

Ein-Arm-Werfen

Alle oder einige Kinder binden sich ihren Wurfarm am Körper fest und müssen nun mit dem anderen Arm Bälle in einen Korb werfen.

Laufen ohne Beine

Die Kinder spielen Nachlaufen. Alle oder einige Kinder dürfen sich dabei nur auf den Knien fortbewegen.

Das Simulieren von Behinderungen kann komisch wirken. Lachen sollte zugelassen werden, denn die Kinder sollen ja nicht lernen, dass man beim Spiel mit Behinderten nicht lachen darf. Das Lachen darf aber nicht zum Auslachen werden.
Nach jedem Spiel sollte ernsthaft darüber gesprochen werden, wie schwierig die Aufgabe war und welche Gefühle bei den im Spiel „behinderten" und bei den „nicht-behinderten" Kindern ausgelöst wurden.

Kleidertausch

Die „angesagte" Kleidung ist unter Kindern ein wichtiges Thema und nicht selten ein Grund, andere zu mobben. Dies Spiel eignet sich zum Einstieg in ein Gespräch über Kleidung. Jeweils zwei Kinder tauschen die Jacken und schlüpfen damit quasi in die Person des anderen. Nun erzählen sie von sich in der Rolle des anderen Kindes etwas Positives, das tatsächlich der Realität entspricht.

Beispiele

Kind A in der Jacke von B sagt von sich als B: „Ich heiße B und spiele gut Fußball."
Kind B sagt von sich als A: „Ich bin A und habe heute einem andern Kind geholfen, das geschlagen wurde."

Können die Kinder sich anschließend besser in das andere Kind einfühlen? Hat die Kleidung wirklich etwas mit dem Wert eines Menschen zu tun?

Variation

Die Kinder ziehen sich einen Tag lang ganz anders an als sonst. Beim nächsten Treffen der Gruppe wird über das, was ihnen am eigenen Verhalten und dem anderer aufgefallen ist, gesprochen.

Fremdsprachen übersetzen

Welche Sprachen sprechen die Kinder in der Gruppe? Können alle genug deutsch sprechen, um sich zu verständigen? Wie fühlen sich Kinder, die nicht viel verstehen bzw. wie können Kinder sich verständlich machen?
Die Kinder stehen oder sitzen im Kreis. Jedes soll nun versuchen, etwas in einer Fantasiesprache zu sprechen, das nächste soll das übersetzen und dann einen neuen Fantasiesatz sagen. Jedes Kind kann übersetzen, was es mag.

Beispiel

1. Kind: „Wende kudde budde lato?"
2. Kind übersetzt: „Frisst dein Hund Knochen?"

Dieses Spiel macht zunächst mal viel Spaß. Haben alle das Spielprinzip verstanden, kann es ernster werden. Zwei Kinder spielen Reporter und Kind aus einem unbekannten Land. Es soll etwas über das Land erzählen. Der Reporter fragt etwas in einer für das

Kind unverständlichen Sprache, das Kind versucht zu verstehen und zu antworten. Beide arbeiten auch mit Händen und Füßen.
Wie schwierig ist das? Wie gut gelingt es? Was haben die zusehenden Kinder verstanden?

Spiele, um die Hilfsbereitschaft zu fördern

Gemeinsam stark

Die Kinder bewegen sich zu Musik durch den Raum. Wenn die Spielleitung die Musik stoppt, bleiben alle stehen und warten auf ihre Anweisung. Die Spielleitung stellt dann eine Aufgabe, die die Kinder nur mit anderen gemeinsam erfüllen können. Ist die Aufgabe erfüllt, setzt die Musik wieder ein – bis zu einer neuen Anweisung.

Beispiele

- Bildet Paare. Ein Kind schließt die Augen, das andere führt es einmal quer durch die Gruppe, ohne dass jemand angerempelt wird.
- Bildet Dreiergruppen und haltet euch aneinander fest. Dann berührt mindestens mit einer Stirn den Boden, ohne loszulassen.
- Stellt euch zu sechst zusammen und tragt den leichtesten von euch einmal durch den Raum.

Die Aufgaben müssen je nach Gruppenzusammensetzung so gewählt werden, dass sie auch tatsächlich ausgeführt werden können – auch wenn dazu manchmal ziemliche Verrenkungen nötig sind.

Material

Musik

Kraftrunde

Die Kinder stehen im Kreis und geben sich die Hände. Das erste Kind spricht den folgenden Satz laut: „Wir sind stark, wir helfen und unterstützen uns!" Dann wird die Botschaft per Handdruck nur mit innerer Stimme einmal rundherum weitergegeben.
Noch besser ist es, wenn die Gruppe sich selbst einen eigenen starken Satz ausdenkt.
Wird es in der Gruppe schwierig, kann dieses kraftgebende und das Selbstbewusstsein stärkende Quickie schnell mal zwischendurch helfen, Frust abzubauen und Frustrationstoleranz aufzubauen.

Rettende Insel

Der Raum, in dem die Gruppe sich trifft, wird zum „Wasser" ernannt. An einer Seite des Raumes wird mit Klebestreifen oder Kreide ein Stück als „Insel" abgegrenzt. Jedes Kind bekommt eine Zeitung und stellt sich darauf. Diese Zeitung stellt einen „Stein" dar, der aus dem „Wasser" ragt. Ziel der Übung ist, dass alle Kinder die rettende „Insel" erreichen, ohne ins „Wasser" zu treten. Das heißt, alle dürfen sich nur auf den „Steinen" fortbewegen, indem sie z. B. von „Stein zu Stein" hüpfen. Auch die „Steine" selbst dürfen bewegt und im „Wasser" irgendwohin verschoben werden.
Die Vorteile der Zusammenarbeit und Abstimmung in einer Gruppe beim Lösen schwieriger Probleme werden unmittelbar erfahrbar.

Herzklopfen und Schwitzehände

Die Kinder sitzen im Kreis. Als Einführung erzählt die Spielleiterin von einem Kind, das immer Herzklopfen bekommt, wenn es sich etwas nicht traut. Anschließend tragen die Kinder zusammen, woran sie bei sich selbst merken, dass sie angespannt und unsicher sind und sich etwas nicht zutrauen: „Wenn ihr an das letzte Mal denkt, bei dem ihr euch etwas nicht getraut habt, wie ist es euch dabei gegangen, was hat euer Körper da gemacht?" Dabei sollten typische Merkmale herausgearbeitet werden wie:
rot werden, schwitzen, stottern, nichts mehr denken können, usw.
Nun beginnt das Spiel. Nacheinander soll jedes Kind ein typisches Merkmal für Unsicherheit und Ängstlichkeit nennen, möglichst eins, das im Kreis vorher noch nicht genannt worden ist.
In einer zweiten Runde wird zusammengetragen, was den Kindern dann hilft bzw. was helfen könnte: „Wenn du ganz unsicher bist, was hilft dir dann? Oder wenn ein Freund oder eine Freundin sich nicht traut, wie versuchst du ihm zu helfen?"

Auch hier sollen wieder möglichst viele verschiedene Ideen genannt werden wie:
tief durchatmen, einmal um den Block laufen, einen Schluck Wasser trinken, in den Arm nehmen, usw.

Variation

Beide Spielrunden können nach Art des „Kofferpackens" gespielt werden. Die Aussagen eines oder aller vorhergehenden Kinder werden wiederholt, ehe eine eigene neue Aussage hinzugefügt wird.
Ein Kind beginnt: „Wenn ich Angst habe, werde ich rot." Das nächste Kind fährt fort: „Wenn X Angst hat, wird sie rot, wenn ich Angst habe, fange ich an zu schwitzen." Usw.

Igel streicheln

Die Gruppe bildet Paare. Ein Kind wird zunächst zum Igel. Es igelt sich ein, indem es sich eng zusammenrollt: Knie angezogen, Augen geschlossen, Kopf auf die Knie und die Arme um die Knie geschlungen.
Das andere Kind versucht nun, es aus dieser Isolation herauszuholen. Es kann den Igel streicheln, freundlich mit ihm sprechen, ihn sanft hin- und herrollen, usw.
Oft hilft es, wenn das Kind sich vorstellt, was ihm selbst als Igel gut tun würde.
Dann werden die Rollen getauscht.
Abschließend kann darüber gesprochen werden, welche Erfahrungen die Kinder beim einigeln und beim Igel streicheln gemacht haben.
„Igel streicheln" ist ein sehr intimes Spiel. Kein Kind sollte gezwungen werden mitzumachen und der Igel muss sich nicht entrollen.

Variation

Ein Kind igelt sich in der Mitte des Kreises ein. Ein anderes versucht es zu ent-igeln. Gefallen dem Igel die Berührungen, entfaltet er sich und tauscht die Rolle mit dem streichelnden Kind. Ein anderes aus dem Kreis darf nun ent-igeln.

Erste Hilfe

Die Gruppe wird in Kleingruppen mit 4–5 Kindern aufgeteilt. Jede Gruppe erhält eine Nummer oder einen Namen. Alle Gruppen gehen nun durcheinander im Raum umher, wobei ihre Mitglieder dicht zusammen bleiben. Plötzlich ruft die Spielleitung: „Achtung, Gruppe XY wird überfallen". Die Mitglieder dieser Gruppe beginnen nun zu stöhnen, laut zu schreien, Verletzungen zu simulieren, umzufallen und um Hilfe zu rufen. Alle anderen Gruppen müssen möglichst schnell helfend eingreifen. Sie fangen die um Hilfe Schreienden auf, ehe sie umfallen, sie versorgen pantomimisch Verletzte, machen Wiederbelebungsversuche mit „Ohnmächtigen", streicheln und trösten mit Worten – bis alle wieder wohlbehalten aufgestanden sind. Dann beginnt das Spiel von neuem, bis jede Gruppe einmal „überfallen" worden ist.

Kannitverstan

Die Kinder stellen sich vor, sie kommen in ein fremdes Land und verstehen die Sprache nicht. Wie lösen sie folgende Aufgaben?

- Brötchen kaufen,
- Nach dem Weg fragen,
- Nach der Uhrzeit fragen usw.

Die Kinder spielen diese – und ähnliche – Situationen ohne Sprache im Rollenspiel nach. Wie haben sie sich verständigt? Haben sie die Information oder die Ware bekommen, die sie wollten? Wie haben sie sich gefühlt, wenn sie jemand nicht verstehen konnte?

Variation

Die Kinder stellen sich vor, dass ihre Gruppe ein Kind aufnehmen soll, das kein Deutsch spricht. Wie zeigt die Gruppe dem fremden Kind, dass es willkommen ist? Die Kinder überlegen sich verschiedene Möglichkeiten und probieren sie im Rollenspiel aus.

Rettung aus dem Brunnen

Die Gruppe sitzt im Kreis. Ein Kind steht in der Mitte. Es lässt sich plötzlich fallen und sagt: „Ich bin in den Brunnen gefallen.“ Die übrigen Kinder fragen im Chor: „Wer soll dich retten?“ Das Kind im Brunnen nennt irgendeine positive soziale Verhaltensweise.

Beispiele

„Das Kind,

- das am freundlichsten lachen kann.
- das mir das schönste Kompliment macht.
- das mir den nettesten Spitznamen gibt.
- das mit der sanftesten Stimme spricht u. Ä.“

Die Kinder im Kreis versuchen, diese Verhaltensweisen so überzeugend wie möglich auszuführen. Das Kind im Brunnen entscheidet, wer es am besten macht, lässt sich von diesem Kind „retten“, d.h. aufhelfen, und tauscht mit ihm die Rolle.
Damit möglichst alle Gruppenmitglieder einmal das Kind im Brunnen retten dürfen, sollten vor Spielbeginn in der Gruppe gemeinsam „Rettungsmöglichkeiten“ besprochen und ausprobiert werden.

Gefangene befreien

Die Kinder teilen sich in zwei Gruppen, in Piraten und Seeleute. Die Piraten haben einen Seemann gefangen und die freien Seeleute versuchen ihn wieder zu befreien. Der Gefangene sitzt in der Mitte der Piratengruppe. Außen um die Piraten herum haben sich die restlichen Seeleute versammelt. Sie wollen ihren gefangenen Freund oder ihre Freundin befreien. Die Piraten fordern Lösegeld, das ihnen aber nur der Gefangene selbst überreichen darf. Als Lösegeld dient ein Ball. Die Seeleute müssen alles daran setzen, dass der Gefangene diesen Ball erhält. Sie versuchen, ihm den Ball zuzuwerfen oder zu -rollen und die Piraten dabei abzulenken. Immer wenn die Piraten den Ball doch erwischen, geben sie ihn den Seeleuten im Außenkreis zurück. Das Spiel ist aus, wenn es dem Gefangenen gelungen ist, den Ball zu erhaschen.
In diesem Spiel können die Kinder erfahren, wie wichtig es ist und wie gut es tut, Freunde zu haben und sich untereinander zu helfen.

Material

Softball

Wer hilft?

Die Kinder werden mit farbigen Bändern gekennzeichnet, jeweils eine Kleingruppe mit einem roten, blauen, grünen, gelben Band usw. Dann bewegen sich alle Kinder frei im Raum. Dazu kann auch Musik abgespielt werden. Während die Kinder umhergehen, müssen sie bestimmte Aufgaben erfüllen wie ein Rätsel raten, eine einfache Rechenaufgabe lösen o.Ä. Wer nach allen Spielrunden die meisten Aufgaben erfüllt hat, hat gewonnen. Während alle eifrig die Lösung für ihre Aufgabe suchen, ruft die Spielleiterin eine bestimmte Farbe dazwischen. Die Kinder mit dieser Farbe müssen sich fallen lassen und nach Hilfe rufen. Die anderen Kinder können sie „retten", sodass sie wieder mitspielen können, indem sie auf sie zugehen und ihnen aufhelfen.
Wie verhalten sich die „Retter"? Helfen sie sofort? Helfen sie, auch wenn sie dadurch ihre Aufgabe nicht erfüllen können? Erledigen sie erst ihre Aufgabe und „retten" dann? Warten sie ab, ob sich nicht andere vorher um die „gefallenen" Kinder kümmern? Helfen sie gar nicht? Wie fühlen sich die Kinder, nachdem das Spiel zu Ende ist?

Material

farbige Armbinden